Paul, Marie und die Farben

Eine Geschichte von Maria Breuer
mit Bildern von Daniela Kunkel

 In Zusammenarbeit mit  und

Paul sitzt mit seiner besten Freundin Marie unter dem alten Apfelbaum im Garten. „Ich sehe was, was du nicht siehst und das ist blau", sagt Paul. Marie schaut sich um und überlegt. Plötzlich raschelt es ganz in der Nähe. „Da sitzt ein Tier unter dem Holunderbusch", flüstert Marie. Paul schleicht zum Busch und kniet sich langsam darunter. Vorsichtig nimmt er ein kleines Wesen auf den Arm.

„Das ist ja Leonardo!" Marie ist erstaunt. „Das verschwundene Chamäleon aus dem Zoo." Tatsächlich! Jetzt erkennt Paul es auch. Schnell läuft er ins Haus und ruft im Zoo an. Als er wieder in den Garten kommt, strahlt er: „Leo darf noch ein bisschen hierbleiben! Sein Tierpfleger holt ihn erst später ab." Auch Marie freut sich. Da bemerkt sie etwas Seltsames: „Leo sieht ja auf einmal ganz anders aus!"

Eben noch war das Chamäleon blau, jetzt aber leuchtet es im schönsten Rot mit den Blumen um die Wette. Paul kichert: „Leo kann sich wohl nicht entscheiden, welche Farbe er am liebsten mag."

Farbenspiel

Paul geht es wie Leo: Gelb und Grün mag er, Blau gefällt ihm aber auch ganz gut. Marie mag Rosa und Türkis. Welche Farben sind deine Lieblingsfarben?
Eine Farbe kann oft ganz unterschiedlich aussehen. Gelb kann zitronengelb oder bananengelb sein, Blau kann himmelblau oder blaubeerblau sein. Sammle verschiedene Dinge mit der gleichen Farbe. Und nun schaue genau hin: Wie viele verschiedene Farbtöne entdeckst du?

Versuche, die verschiedenen Farbtöne noch genauer zu benennen, z.B. hell- oder dunkelgrün, grasgrün oder froschgrün. Zusammen mit Freunden kannst du ein richtiges Spiel daraus machen. Überlegt euch abwechselnd, wie das Grün genau heißen könnte. Natürlich könnt ihr das auch mit allen anderen Farben machen.

Regenbogenflecken

Hole dir deinen eigenen Regenbogen in dein Zimmer. Dazu brauchst du nur einen geschliffenen Glasstein. Hänge ihn in das Fenster. Wenn die Sonne auf den Glasstein scheint, kannst du an der Wand, auf dem Fußboden oder an der Zimmerdecke Regenbogenflecken entdecken.

Die Glassteine verwandeln das Sonnenlicht in wunderschöne Regenbogen. Sogar, wenn es gar nicht regnet. Immer, wenn Sonnenstrahlen auf die geschliffenen Steine fallen, entstehen leuchtend bunte Lichtflecken. So entlocken Paul und Marie dem Sonnenlicht all seine Farben: Rot, Orange, Gelb, Grün, Türkis, Blau, Lila.

„Du hast auch deine Farbe verändert", sagt Marie zu Paul. „Auf deiner Nase ist ein Regenbogen." Paul grinst. „Das kommt von den Glassteinen im Baum", sagt er und schüttelt einen der Zweige. Plötzlich tanzen viele kleine Regenbogenflecken um Marie herum. „Wie schön", ruft sie und hat eine Idee: „Wir bauen ein Haus für Leo! Hier unter unserem Zauberbaum. Dann hat er es richtig gemütlich."

Paul ist einverstanden. Er schnappt sich ein Steinchen und zeichnet damit auf einen großen Stein, wie Leos Haus aussehen soll. Marie holt einen leeren Karton und Wasserfarben. „Wir malen das Haus orange an", sagt sie. „Nein, lila", sagt Paul und öffnet den Farbkasten. „Da sind ja nur noch blau, rot und gelb drin!", ruft er enttäuscht. „Dann mischen wir unsere Lieblingsfarben einfach selbst", meint Marie. „Und dann malen wir einen Regenbogen auf den Karton."

Regenbogenfarben

Hilf Paul und Marie beim Farbenmischen. Alles, was du brauchst, sind ein Malkasten mit den Farben Rot, Gelb und Blau, etwas Wasser und einen Pinsel. Sei mutig und mische die Farben wild durcheinander. Probiere aus, welche Farben entstehen, wenn du rot und gelb, oder blau und rot mischst. Welche Farben musst du mischen, damit grün entsteht?

Kennst du alle Farben des Regenbogens? Sie haben eine ganz bestimmte Reihenfolge: rot – orange – gelb – grün – türkis – blau - lila.

„Ist das rot oder grün?", fragt Paul plötzlich und zeigt auf eine Farbe. Marie lacht. „Das ist hellrot, sieht man doch!" Jetzt wird auch Pauls Gesicht ganz rot. „Manchmal kann ich grün und rot nicht so gut unterscheiden", erklärt er. Marie staunt: „Siehst du die Welt denn ganz anders als ich?" Paul überlegt: „Weiß nicht. Gib mir mal das Kakaobraun." Jetzt weiß Marie nicht weiter. „Die Brauntöne sehen doch alle gleich aus." Paul schnappt sich die Farbe. „Das sehe ich aber anders!"

Wie könnte Leos Haus heißen?
Leos Farbenschloss, Villa Farbenfroh
oder Häuschen Quietschebunt?
Wie sieht dein Zimmer aus? Denke dir auch
dafür einen Namen aus. Schreibe ihn auf das Türschild im Bastelbogen.

„Leos Haus ist richtig schön geworden", sagt Marie zufrieden.
„Vielleicht darf er jetzt für immer hierbleiben?", überlegt Paul.
„Unter unserem Zauberbaum fühlt sich ein Chamäleon doch
bestimmt wohl. Hier ist es so schön bunt."

BASTELBOGEN

Wissenswertes über Chamäleons

Chamäleons kann man bei uns nur im Zoo sehen. In freier Natur leben sie in warmen Ländern wie Afrika, Südeuropa und Südasien. Sie sind sehr scheu und haben ganz besondere Fähigkeiten.

Farbe: Chamäleons können ihre Farbe ändern, um so mit anderen Chamäleons zu „sprechen". Sie sagen damit zum Beispiel „Komm her!" oder „Geh weg!". Mit ihren veränderten Farben passen sie sich aber auch der Temperatur an. In kühlen Nächten sind sie dunkel, an warmen Tagen heller gefärbt. Ihr Farbwechsel dient nicht zur Tarnung! Ihre Gestalt aber schon.

Gestalt: Mit ihrer besonderen Körperhaltung passen sich Chamäleons gut ihrem Lebensraum an. Sie tarnen sich damit zum Beispiel als Blatt.

Schwanz: Chamäleons leben auf Bäumen. Mit ihrem langen, oft eingerollten Schwanz können sie sich an Zweigen und Ästen festhalten.

Augen: Chamäleons können sehr gut sehen. Ihre Augen können gleichzeitig in verschiedene Richtungen gucken.

Zunge: Ihre lange Zunge benutzen Chamäleons wie eine Schleuder. Damit schnappen sie unglaublich schnell ihre Beute.

NATURFARBEN

Aus Naturmaterialien wie Blättern, Erde, Gras oder Blüten kannst du tolle Farben herstellen. Dazu brauchst du einen Mörser mit Stößel.

Malen mit Gras, Beeren, Blättern und Blüten

Wenn du die Farbe deiner Lieblingsblume einfangen möchtest, zupfe dir vorsichtig einige ihrer Blütenblätter ab. Zerdrücke und zerreibe die Blätter mit dem Stößel im Mörser. Gib ein paar Tropfen Wasser dazu, bis du einen richtigen Blütenbrei hast. Nun kannst du damit losmalen. Genauso kannst du auch Farbe aus Beeren, Grashalmen und Blättern herstellen.

Malen mit Erde

Mit Erde und Sand kannst du ganz einfach malen. Vermische Erde oder Sand mit Wasser und schon ist deine Erdfarbe fertig. Probiere verschiedene Erden und unterschiedlichen Sand aus. So kannst du mehrere Brauntöne herstellen.

Tipp: Auf dickem Papier sehen die Naturfarben übrigens besonders schön aus, weil das Papier das Wasser aus den Farben aufsaugt.

Marie nickt. „Jetzt muss Leo erst mal einziehen." Aber als sie sich nach ihm umsieht, kann sie das Chamäleon nirgends entdecken. „Paul", ruft sie, „Leo ist verschwunden!"

Filterschmetterlinge

Für bunte Filterschmetterlinge brauchst du Kaffeefilter, Filzstifte und etwas Wasser. Bemale einen Kaffeefilter mit Filzstiften. Nun tropfe etwas Wasser darauf und lass dich überraschen, was passiert. Schneide den Filter an den Seiten auf – fertig ist ein wunderschöner Schmetterling!

Leo ist ein Meister im Verstecken.
Zu jedem Versteckspiel gehört aber
auch ein guter Abzählreim.

1, 2, 3, 4,
jedes Tier
muss sich gut verstecken,
ich such in allen Ecken.
5, 6, 7, 8, 9, 10,
Jetzt ist keiner mehr zu sehn.
Ich komme!

Welchen Abzählreim kennst du?
Erfinde einen mit deinen Freunden.

Paul und Marie suchen hinter Steinen und unter Büschen, aber Leo ist einfach nicht zu finden. „Was machen wir jetzt bloß?", fragt Paul verzweifelt. Auf einmal flattern zwei Schmetterlinge um die beiden Freunde herum. „Habt ihr ein Chamäleon gesehen?", fragt Marie. „Es ist grün." „Nein, blau", sagt Paul. – „Oder rot", murmelt Marie. Da setzt sich einer der Schmetterlinge auf eine Blüte im Gras, direkt neben eine farbige Chamäleonfußspur. „Paul", flüstert Marie aufgeregt, „ich weiß, wie wir Leo finden können."

Zusammen verfolgen die Freunde Leos Spuren bis zum Apfelbaum. „Leo sehe ich nicht", sagt Paul enttäuscht, „aber einen Schmetterling, obwohl er sich mit seiner Farbe und Form gut getarnt hat". – „Leo hat sich bestimmt auch getarnt", überlegt Marie.
Da guckt Paul noch einmal in die Zweige des Apfelbaums und sieht endlich das Chamäleon zwischen den Blättern. „Die Schmetterlinge haben gleich gewusst, wo Leo steckt", kichert Marie.

Tarnung im Tierreich

Viele Tiere tarnen sich mit ihrer Gestalt und Farbe, damit ihre Feinde sie nicht entdecken. Chamäleons, einige Schmetterlingsarten und weitere Tiere sind wahre Meister der Tarnung.

Kannst du alle Tiere entdecken, die sich auf dieser Buchseite versteckt haben? Es sind Leo, die beiden Schmetterlinge, eine Biene und eine Heuschrecke.

Paul klettert in den Baum und holt Leo vorsichtig herunter. Gerade rechtzeitig, denn schon kommt Tierpfleger Johann in den Garten gelaufen. Paul und Marie sind gar nicht begeistert. Nun muss Leo zurück in den Zoo. Johann ist aber zum Glück sehr nett. „Habt ihr bemerkt, dass Leo seine Farbe ändern kann?", fragt er und erzählt, dass Chamäleons damit Rivalen verjagen oder andere Chamäleons anlocken.

Getarntes Versteckspiel

Spielst du auch gern Verstecken mit deinen Freunden? Dann probiere doch mal aus, dich dabei zu tarnen.

Dieses Versteckspiel solltet ihr draußen spielen. Zieht euch T-Shirts und Hosen in Naturfarben an, also grün oder braun. Schon seid ihr hinter Büschen und Bäumen schwerer zu entdecken als mit gelben oder blauen T-Shirts. Noch schwieriger wird es, wenn ihr kleine Zweige und Blätter an euch befestigt. Wer möchte, kann auch Gesicht und Hände mit Schminke richtig toll tarnen.

"Leo ändert seine Farbe auch, wenn ihm warm oder kalt ist", erklärt Johann weiter. "Warum?", fragt Paul. Johann zwinkert ihm zu: "Fühl doch mal, welche Farben im Sonnenlicht warm werden."

Warm-und-Kalt-Spiel

Lege einen dunklen und einen hellen Pullover in die Sonne. Dann warte eine Weile. Welcher Pullover fühlt sich wärmer an?

Du kannst das mit allen möglichen Dingen ausprobieren. Lege sie in die Sonne und fühle nach, welche Dinge besonders warm werden. Sind sie dunkel, oder hell? Aus welchem Material sind sie?

Bevor Johann mit Leo losfährt, hat er noch eine Überraschung für Paul und Marie: Eintrittskarten für den Zoo. „Damit könnt ihr euren neuen Freund besuchen." Die beiden freuen sich: „Danke!" Dann verabschieden sie sich von Leo. Paul streichelt ihm vorsichtig über den Rücken. „Wenn es dir im Zoo nicht mehr gefällt, dann kommst du einfach wieder her", flüstert er ihm zu.

„Was machen wir denn jetzt mit Leos Haus?", fragt Paul.
„Die Schmetterlinge könnten darin wohnen", schlägt Marie vor.
„Und für Leo bauen wir morgen noch ein Baumhaus", sagt Paul.
„Falls er wiederkommt. Das malen wir dann chamäleongrün an!"
Marie ist verwirrt: „Aber die Farbe von Chamäleons verändert
sich doch", überlegt sie. Paul lacht: „Deshalb ja! Dann wird
das Haus richtig schön bunt!"

Die Protagonisten dieser Geschichte sind Namensvettern von **Paul Langevin** und **Marie Curie**, die beide wichtige Personen in der Geschichte der Naturwissenschaften sind.

Farben sind überall

An einer roten Ampel bleiben wir stehen. Ein gelbes Postauto erinnert uns an den lange vergessenen Brief und der blaue Himmel bringt uns zum Strahlen. Farben machen unseren Alltag nicht einfach nur bunter, sie haben oft auch eine Wirkung und Bedeutung. Farben sind außerdem ein spannendes Phänomen, in das wir gemeinsam mit unseren Kindern eintauchen können. Indem sie den Farben ihre Eigenschaften spielerisch entlocken, erforschen die kleinen Entdecker ganz automatisch die Welt um sie herum. Auch die Fantasiewelt der Kinder ist dann nicht grau in grau, sondern leuchtet in schillernden Farben.